Analyse der Arbeiterbildung in den Briefen an die Kolosser, Philemon und Thessaloniche

Die Lehre von der Arbeit in der Bibel, Volume 30

Biblische Predigten

Published by Seminit Publications, 2024.

While every precaution has been taken in the preparation of this book, the publisher assumes no responsibility for errors or omissions, or for damages resulting from the use of the information contained herein.

ANALYSE DER ARBEITERBILDUNG IN DEN BRIEFEN AN DIE KOLOSSER, PHILEMON UND THESSALONICHE

First edition. April 22, 2024.

ISBN: 979-8224417933

Written by Biblische Predigten.

Inhaltsverzeichnis

Einführung in Kolosser und Philemon 1

Kontext von Kolossä und den Kolossern | Die Stadt Kolossä 2

Die Gemeinde der Kolosser 3

Der Zweck des Schreibens 4

Kolosser und Arbeit | Gott hat in der Schöpfung gewirkt und den Menschen zu seinem Ebenbild gemacht (Kolosser 1,1-14). 5

Das Werk Gottes, das Werk Jesu (Kolosser 1:15-20) 7

Jesus hat alles geschaffen 8

Jesus hat für alles bezahlt 9

Jesus, das Bild des unsichtbaren Gottes (Kolosser 1:15-29) 10

Vergebung 11

Selbstaufopferung zum Wohle der anderen 12

Freiheit der kulturellen Anpassung 13

"Allein, mir geht es gut" (Kolosser 2,1-23) 14

Leben für das Gute auf der Erde: Die Form unserer neuen Orientierung (Kolosser 3,1-16) 15

Arbeiten wie für den Herrn (Kolosser 3:17, 23) 20

Von Sklaven und Herren, alten und neuen (Kolosser 3:18 - 4:1) 22

Filemon und Arbeit 26

Fazit von Kolosser und Philemon 28

Einführung in den 1. und 2. Thessalonicherbrief.................... 29

Thessaloniki und seine Kirche.. 30

Das Werk des Glaubens, das Ende und die Bewahrung des Glaubens (1. Thessalonicher 1,1-4,8; 4,13-5,28; 2. Thessalonicher 1,1-2,17) | Das Werk des Glaubens (1. Thessalonicher 1,1-4,8) 32

Das Ende (1 Thessalonicher 4:13-5:28)................................ 34

Den Glauben bewahren (2. Thessalonicher 1:1-2:17)............ 35

Treue Arbeit (1. Thessalonicher 4,9-12 und 2. Thessalonicher 3,6-16)... 36

Von Christen wird erwartet, dass sie arbeiten (1. Thessalonicher 4,9-12; 5,14). | Von Christen wird erwartet, dass sie arbeiten, soweit sie dazu in der Lage sind. 39

Der Schöpfungsauftrag ist immer noch in Kraft.................... 41

Christen müssen mit Exzellenz arbeiten............................... 42

Handarbeit und harte Arbeit sind ehrenwert....................... 44

Denjenigen, die wirklich nicht arbeiten können, soll geholfen werden (1. Thessalonicher 4,9-10)... 45

Arbeitslosigkeit (2. Thessalonicher 3:6-15) | Arbeitslosigkeit ist ein Thema für die christliche Gemeinschaft, nicht nur für den Einzelnen. 48

Arbeitslosigkeit führt zum Bösen... 49

Zusammenfassung von 1 und 2 Thessalonicher 50

<u>**Kolosser 2:2**</u>. *auf daß ihre Herzen getröstet werden durch die Liebe und durch allen Reichtum der Gewißheit des Verstandes zur Erkenntnis des Geheimnisses Gottes und des Vaters und des Christus.*

In ihm sind alle Schätze der Weisheit und der Erkenntnis verborgen. Er wollte, dass sie Gott kennenlernen und in dem, was er ihnen offenbarte, getröstet und glücklich werden. Er sah in ihnen eine Tendenz, mehr als das zu suchen, ein Verlangen, dem Evangelium noch etwas hinzuzufügen, ein Verlangen, zu versuchen, ein neues Licht außerhalb des Wortes zu finden, und das machte ihn sehr traurig. Er selbst war mit dem Evangelium mehr als zufrieden, und er wollte, dass sie in diesem Sinne wie er waren.

— **Charles Spurgeon**

Einführung in Kolosser und Philemon

Und alles, was ihr tut in Wort und Tat, das tut alles im Namen des Herrn Jesus und dankt durch ihn Gott, dem Vater. Und alles, was ihr tut, das tut von Herzen, als dem Herrn und nicht den Menschen; denn ihr wisst, dass ihr von dem Herrn den Lohn des Erbes empfangen werdet. Es ist Christus, der Herr, dem ihr dient (**Kol 3,17.23-24**).

Warum besteht der Apostel Paulus darauf, dass das tägliche Leben der Christen in Kolossä einem so umfassenden Gebot entspricht, jedes Wort und jede Tat zu kontrollieren? In diesen beiden kurzen, aber wertvollen Briefen geht Paulus sowohl auf die theologische Grundlage hinter diesen beiden sich überschneidenden Geboten als auch auf die Auswirkungen dieses Lebensstils auf alle wichtigen Beziehungen im Leben ein - auf die zu unserem Ehepartner und unserer Familie und auf die zu unseren Kollegen, Angestellten oder Vorgesetzten am Arbeitsplatz.

Kontext von Kolossä und den Kolossern
Die Stadt Kolossä

———

Städte wachsen durch die Entwicklung von Handelszentren, die Arbeitsplätze für ihre Bewohner bieten. Die antike Stadt Kolossä wurde an einer wichtigen Handelsstraße durch das Tal des Flusses Lico in der römischen Provinz Kleinasien (in der südwestlichen Ecke der heutigen Türkei) erbaut. Die Stadt wurde berühmt, weil die Kolosser dort ein wunderschönes dunkelrotes Wolltuch (*Kolossinum*) herstellten. Die Bedeutung von Kolossä als Wirtschaftszentrum ging jedoch um 100 v. Chr. deutlich zurück, als die benachbarte Stadt Laodizea gegründet wurde, die eine aktive und wirtschaftlich aggressive Konkurrenz darstellte. Beide Städte wurden zusammen mit der benachbarten Stadt Hierapolis 17 n. Chr. (unter Tiberius) und 60 n. Chr. (unter Nero) durch Erdbeben zerstört. Obwohl Kolossä nach jedem Erdbeben wieder aufgebaut wurde, erlangte es nie wieder die Bedeutung seiner früheren Tage, und um das Jahr 400 existierte die Stadt nicht mehr.

Die Gemeinde der Kolosser

Der Apostel Paulus hatte zwei Jahre lang eine Gemeinde in Ephesus gegründet, und aus **Apostelgeschichte 19,10** geht hervor, dass von diesem Zentrum aus "alle, die in Asien wohnten, das Wort des Herrn hörten, sowohl Juden als auch Griechen". Ob es nun daran lag, dass Paulus selbst in der ganzen Provinz als Missionar tätig war, oder an denen, die durch seine Predigt zum Glauben kamen, Tatsache ist, dass in Kolossä eine Gemeinde gegründet wurde. Wahrscheinlich war es Epaphras, der sie gründete (**Kol 1,7**), und aus Vers 1,21 können wir schließen, dass die Gemeinde hauptsächlich aus Heiden bestand.

Philemon war ein Bürger von Kolossä, ein integrer Leiter dieser Gemeinde und Sklavenhalter. Sein Sklave Onesimus war weggelaufen, traf aber später den Apostel Paulus und reagierte auf die Botschaft des Evangeliums über Jesus. Im Brief an die Kolosser geht Paulus darauf ein, wie unsere Beziehung zu Gott durch Jesus Christus unser Arbeitsleben beeinflusst. Insbesondere schreibt er darüber, wie Sklaven ihre ganze Arbeit für ihre Herren verrichten sollten und wie Herren ihre Sklaven behandeln sollten. Der kurze, persönliche Brief an Philemon erweitert unsere Perspektive auf das Gebot des Paulus in **Kolosser 4,1**.

Der Zweck des Schreibens

Es wird angenommen, dass Paulus die Briefe an die Kolosser und Philemon zwischen 60 und 62 aus dem Gefängnis heraus geschrieben hat. Zu dieser Zeit war Nero der grausame und wahnsinnige Kaiser des Römischen Reiches, der die Rechte des Paulus als römischer Bürger missachten konnte.

Aus dem Gefängnis hatte Paulus gehört, dass die Christen in Kolossä, die in ihrem Glauben stark gewesen waren, nun anfällig für Glaubensverfälschungen waren (2:4, 8, 16, 18, 21-23). Die Kolosser waren versucht, theologische Irrtümer anzunehmen, und Paulus schrieb ihnen, um sie zu widerlegen. Die Briefe führen die Leser jedoch weit über diese Fragen der Täuschung hinaus. Paulus war es ein großes Anliegen, dass alle seine Leser (sowohl die heutigen als auch die Kolosser vor zweitausend Jahren) den Kontext ihres Lebens innerhalb der Geschichte Gottes verstehen und wie sich dies in ihren Beziehungen bei der Arbeit zeigt.

Kolosser und Arbeit

Gott hat in der Schöpfung gewirkt und den Menschen zu seinem Ebenbild gemacht (Kolosser 1,1-14).

In **Kolosser 1,6** führt Paulus uns durch eine Anspielung auf **Genesis 1,26-28** zurück.

Und Gott sprach: Lasset uns Menschen machen nach unserem Bilde, uns ähnlich; und sie sollen herrschen über die Fische im Meer und über die Vögel unter dem Himmel und über das Vieh und über die ganze Erde und über alles Gewürm, das auf Erden kriecht. Und Gott schuf den Menschen zu seinem Bilde, zum Bilde Gottes schuf er ihn, als Mann und Weib schuf er sie. Und Gott segnete sie und sprach zu ihnen: Seid fruchtbar und mehret euch und füllet die Erde und machet sie euch untertan und herrschet über die Fische im Meer und über die Vögel unter dem Himmel und über alles Getier, das auf Erden kriecht.

Hier sehen wir den Schöpfergott am Werk, und der Höhepunkt seiner Tätigkeit ist die Erschaffung des Menschengeschlechts nach dem Bild und Gleichnis Gottes. Er gibt den neu Geschaffenen zwei Aufgaben (die Aufgaben gelten sowohl für Männer als auch für Frauen): Sie sollen fruchtbar sein und sich vermehren und die Erde füllen, die sie sich dann untertan machen oder beherrschen sollen. Paulus greift die Sprache von 1. Mose 1 in **Kolosser 1,6 auf** und dankt Gott dafür, dass das Evangelium in ihrer Mitte Fortschritte macht, "beständig Frucht bringt und wächst", während es andere Teile der Welt erreicht. Dann wiederholt er es in 1,10 - die Kolosser sollen Frucht bringen und wachsen in ihrem Verständnis von Gott und in der Arbeit in seinem Namen. In der Arbeit tragen sowohl sie als auch wir das Bild des arbeitenden Gottes, sei es in Aufgaben wie der Elternarbeit, der vielschichtigen Arbeit, die Erde zu unterwerfen und zu beherrschen, oder in der Arbeit des Dienstes. Wir sind von Anfang an als Arbeiter geschaffen worden, und Christus erlöst uns als Arbeiter.

Das Werk Gottes, das Werk Jesu (Kolosser 1:15-20)

Die erste Hälfte des Briefes des Paulus an die Kolosser lässt sich in neun Worten zusammenfassen:

Jesus hat alles geschaffen.

Danach hat Jesus für alles bezahlt.

Jesus hat alles geschaffen

Der Brief an die Kolosser setzt voraus, dass der Leser mit den einleitenden Worten des ersten Buches der Bibel vertraut ist: "Im Anfang schuf Gott den Himmel und die Erde" (**Gen 1,1**). Im zweiten Kapitel der Genesis heißt es dann: "Am siebten Tag vollendete Gott sein Werk, das er gemacht hatte, und ruhte am siebten Tag von all seinem Werk, das er gemacht hatte" (**Gen 2,2**). Die Schöpfung von allem, was existiert, war ein *Werk*, auch für Gott. Paulus sagt uns, dass Christus in der Schöpfung gegenwärtig war und dass das Werk Gottes in der Schöpfung das Werk von Christus ist:

Er ist das Ebenbild des unsichtbaren Gottes, der Erstgeborene der ganzen Schöpfung. Denn durch ihn ist alles geschaffen, was im Himmel und auf Erden ist, das Sichtbare und das Unsichtbare, es seien Throne oder Herrschaften oder Mächte oder Gewalten; alles ist durch ihn und zu ihm hin geschaffen worden. Und er ist vor allen Dingen, und in ihm hat alles seinen Bestand (**Kol 1,15-17**).

Mit anderen Worten: Paulus führt die gesamte Schöpfung auf Jesus zurück, ein Thema, das auch im Johannesevangelium (**Joh 1,1-4**) behandelt wird.

Jesus hat für alles bezahlt

Paulus macht seinen Lesern deutlich, dass Jesus nicht nur derjenige war, der alles Existierende geschaffen hat, sondern auch derjenige, der unser Heil bewirkt hat:

Denn es hat dem Vater gefallen, dass in ihm die ganze Fülle wohne und dass er durch ihn alles mit sich versöhne, indem er Frieden gemacht hat durch das Blut seines Kreuzes, durch ihn, ich wiederhole es, sei es auf Erden oder im Himmel (**Kol 1,19-20**).

Paulus stellt das Schöpfungswerk Christi und sein Erlösungswerk nebeneinander, wobei die Schöpfungsthematik den ersten Teil des Textes (**Kol 1,15-17**) und die Erlösungsthematik den zweiten Teil (**Kol 1,18-20**) dominiert. Besonders auffällig ist die Parallelität zwischen 1,16, "durch ihn ist alles im Himmel und auf der Erde geschaffen worden", und 1,20, "um durch ihn alles mit sich zu versöhnen". Das Muster ist leicht zu erkennen: Gott hat alle Dinge durch Christus geschaffen und versöhnt sie durch Christus mit sich selbst. James Dunn schreibt,

Es wird schlicht und ergreifend bekräftigt, dass die göttliche Absicht im Akt der Versöhnung und des Friedenstiftens darin bestand, die Harmonie der ursprünglichen Schöpfung wiederherzustellen ... indem die Disharmonie der Natur und die Unmenschlichkeit des Menschengeschlechts beseitigt wurden, so dass der Charakter von Gottes Schöpfung und Gottes Sorge um das Universum in seinem vollsten Ausdruck für sie im Kreuz Christi erfasst und zusammengefasst werden konnte.

Kurz gesagt: Jesus hat alles erschaffen und dann für alles bezahlt, damit wir eine Beziehung zu dem lebendigen Gott haben können.

Jesus, das Bild des unsichtbaren Gottes (Kolosser 1:15-29)

———

Was ändert sich durch die Tatsache, dass wir bei unserer Arbeit Träger des göttlichen Bildes sind? Eine Folge davon ist, dass wir in unserer Arbeit die Muster und Werte von Gottes Werk widerspiegeln werden. Aber wie können wir Gott kennen, damit wir wissen, was diese Muster und Werte sind? In **Kolosser 1,15** erinnert uns Paulus daran, dass Jesus Christus "das Bild des unsichtbaren Gottes" ist. Und er sagt weiter: "Denn die ganze Fülle der Gottheit wohnt leibhaftig in ihm" (**Kol 2,9**). Nur "im Angesicht Christi" können wir Gott erkennen (**2. Kor. 4,6**). Während des irdischen Wirkens Jesu bat ihn Philippus: "Herr, zeige uns den Vater, und es ist genug für uns". Jesus antwortete: "Bin ich schon so lange bei euch, und du kennst mich noch nicht, Philippus? Wer mich gesehen hat, hat den Vater gesehen; wie kannst du sagen: 'Zeig uns den Vater'" (**Joh 14,8-9**).

Jesus offenbart uns Gott, er zeigt uns, wie wir als Ebenbilder Gottes unsere Arbeit tun sollen. Wenn wir Hilfe brauchen, um dies zu verstehen, erklärt Paulus es im Detail: Zuerst beschreibt er Jesu unendliche Macht in der Schöpfung (**Kol 1,15-17**) und verbindet sie dann sofort mit Jesu Bereitschaft, seine Macht abzulegen, in Wort und Tat Gott auf Erden zu sein und dann für unsere Sünden zu sterben (Paulus sagt dies direkt in **Philipper 2,5-9**). Wir schauen auf Jesus und hören auf ihn, um zu verstehen, wie wir aufgerufen sind, das Bild Gottes in unserer Arbeit zu repräsentieren.

Wie können also Gottes Muster und Werte in unserer Arbeit angewendet werden? Beginnen wir damit, dass wir das Wirken Jesu als unser Beispiel betrachten.

Vergebung

Erstens sehen wir, dass Gott "uns aus der Herrschaft der Finsternis befreit und uns in das Reich seines geliebten Sohnes versetzt hat" (**Kol 1,13**). Weil Jesus dies getan hat, kann Paulus uns auffordern, "einander zu ertragen und einander zu vergeben, wenn jemand etwas gegen einen anderen hat; wie Christus euch vergeben hat, so tut auch ihr" (**Kol 3,13**). Auf dieser Grundlage konnte Paulus Philemon, den Sklavenhalter, bitten, Onesimus zu vergeben und ihn als Bruder und nicht mehr als Sklaven aufzunehmen. Wir tun unsere Arbeit im Namen des Herrn Jesus, wenn wir diese Haltung in unsere Beziehungen am Arbeitsplatz einbringen: Wir verstehen und akzeptieren, dass andere Fehler machen, und wir vergeben denen, die uns beleidigen.

Selbstaufopferung zum Wohle der anderen

Zweitens sehen wir, wie Jesus mit unendlicher Macht alles erschaffen hat, was existiert, "alles, was im Himmel und auf Erden ist, sichtbar und unsichtbar, ob Throne oder Herrschaften oder Mächte oder Gewalten" (**Kol 1,16**). Aber wir sehen auch, wie er diese Macht um unseretwillen ablegt und "durch das Blut seines Kreuzes Frieden gemacht hat" (**Kol 1,20**), damit wir eine Beziehung zu Gott haben können. Es gibt Zeiten, in denen wir aufgerufen sind, unsere Autorität oder Macht, die wir am Arbeitsplatz haben, zugunsten von jemandem aufzugeben, der sie vielleicht nicht verdient hat. Wenn Philemon bereit ist, seine Autorität als Besitzer von Onesimus (der seine Barmherzigkeit nicht verdient hat) aufzugeben und ihn in einer neuen Beziehung willkommen zu heißen, dann repräsentiert Philemon damit den unsichtbaren Gott an seinem Arbeitsplatz.

Freiheit der kulturellen Anpassung

Drittens sehen wir, wie Jesus lebt und uns eine neue Wirklichkeit anbietet: "Wenn ihr nun mit Christus auferweckt worden seid, so sucht die Dinge, die droben sind, wo Christus ist, sitzend zur rechten Hand Gottes. Trachtet nach dem, was droben ist, nicht nach dem, was auf Erden ist. Denn ihr seid gestorben, und euer Leben ist verborgen mit Christus in Gott" (**Kol 3,1-3**). Wir sind nicht mehr verpflichtet, nach kulturellen Bräuchen zu leben, die im Gegensatz zu Gottes Leben in uns stehen. Wir sind in der Welt, aber nicht von der Welt. Wir können in einem anderen Takt marschieren. Die Kultur des Arbeitsplatzes mag unserem Leben in Christus entgegenwirken, aber Jesus ruft uns auf, unser Herz und unseren Verstand auf das auszurichten, was Gott für uns und in uns will. Dies erfordert eine tiefgreifende Neuausrichtung unserer Einstellungen und Werte.

Paulus forderte Philemon auf, sich auf diese Weise neu zu orientieren. In der römischen Kultur des ersten Jahrhunderts hatten Sklavenhalter die volle Macht über den Körper und das Leben ihrer Sklaven. Diese Kultur gab Philemon die volle Erlaubnis, Onesimus hart zu behandeln, ihn sogar zu töten. Aber Paulus war sich darüber im Klaren: Als Nachfolger Christi war Philemon gestorben und sein neues Leben war nun in Christus (**Kol 3,3**). Das bedeutete eine Neudefinition seiner Verantwortung nicht nur gegenüber Onesimus, sondern auch gegenüber Paulus, der Gemeinde in Kolossä und Gott, ihrem Richter.

"Allein, mir geht es gut" (Kolosser 2,1-23).

Paulus warnt die Kolosser, nicht zu ihrer früheren Selbsthilfeorientierung zurückzukehren. "Seht zu, dass euch nicht jemand gefangen nimmt durch Philosophie und eitlen Betrug, nach der Überlieferung der Menschen, nach den Grundsätzen der Welt, und nicht nach Christus" (**Kol 2,8**). In "A good man is hard to find" legt Flannery O'Connor diese Worte ironisch - "alone, things are going well for me" - in den Mund eines Serienmörders, der verkündet, dass er Jesus nicht braucht. Dies ist eine treffende Zusammenfassung der Philosophie der Irrlehrer, die sich unter den Heiligen in Kolossä tummelten. In ihrer "menschlichen Religion" (**Kol 2,23**) konnte geistlicher Fortschritt durch harte Behandlung des Körpers, mystische Visionen (**Kol 2,18**) und das Einhalten besonderer Tage und Speisevorschriften (**Kol 2,16**, wahrscheinlich aus dem Alten Testament abgeleitet) erreicht werden. Diese Lehrer glaubten, dass sie die Sünde aus eigener Kraft überwinden könnten, wenn sie die ihnen zur Verfügung stehenden Mittel einsetzten.

Dieser wichtige Gedanke bildet die Grundlage für die Ermahnungen des Paulus an die Arbeiter im weiteren Verlauf des Briefes. Echter Fortschritt im Glauben - einschließlich des Fortschritts in der Art und Weise, wie wir Gott in unserer Arbeit verherrlichen - kann nur von unserem Vertrauen in Gottes Werk in uns durch Christus ausgehen.

Leben für das Gute auf der Erde: Die Form unserer neuen Orientierung (Kolosser 3,1-16)

Dieser Aufruf zur Neuorientierung bedeutet, dass wir unser Leben so umgestalten müssen, dass wir in Situationen, die Jesus nie gelebt hat, nach seiner Ethik denken und handeln. Wir können nicht das Leben von Jesus leben. Wir müssen unser eigenes Leben für Jesus leben. Wir müssen im Leben Fragen beantworten, auf die Jesus keine konkreten Antworten gegeben hat. Wenn Paulus zum Beispiel schreibt: "Trachtet nach dem, was droben ist, nicht nach dem, was auf Erden ist" (**Kol 3,2**), bedeutet das, dass es besser ist, zu beten, als ein Haus zu streichen? Besteht der christliche Fortschritt darin, dass wir immer weniger an unsere Arbeit denken und immer mehr an Harfen, Engel und Wolken?

Paulus überlässt es uns nicht, über diese Dinge zu spekulieren. In **Kolosser 3,1-7** macht er deutlich, dass "unsere Gedanken auf das richten, was droben ist" (**Kol 3,2**), bedeutet, die Prioritäten des Reiches Gottes *gerade inmitten der alltäglichen irdischen Aktivitäten* zu manifestieren. Umgekehrt bedeutet die Ausrichtung auf die irdischen Dinge, dass man nach den Werten des Weltsystems lebt, die im Gegensatz zu Gott und seinen Wegen stehen.

Was bedeutet es, "alles Irdische in euch abzutöten" im praktischen täglichen Leben? Es bedeutet nicht, Silikon anzuziehen oder in Eiswasser zu baden, um geistlich diszipliniert zu werden. Paulus hat gerade gesagt, dass eine "harte Behandlung des Körpers" nicht dazu führt, dass man nicht mehr sündigt (**Kol 2,23**).

Erstens bedeutet es, "Unzucht, Unreinheit, Leidenschaften, böse Begierden und Habgier, die Abgötterei ist" (**Kol 3,5**), abzutun. Wir sind aufgerufen, uns von der sexuellen Unmoral (denn entarteter Sex kann uns kein besseres Leben bringen) und der Habgier (denn mehr Dinge können uns nicht mehr Leben bringen) abzuwenden. Natürlich gibt es einen angemessenen Platz für sexuelle Befriedigung und Begierde (die Ehe zwischen Mann und Frau) und ein angemessenes Maß an Befriedigung materieller Begierde (die aus Vertrauen in Gott, fleißiger Arbeit, Großzügigkeit gegenüber dem Nächsten und Dankbarkeit für Gottes Versorgung resultiert).

Zweitens sagt Paulus: "Legt auch ihr das alles ab: Zorn, Grimm, Bosheit, böses Reden, schmutzige Worte aus eurem Mund. Ihr sollt einander nicht belügen; denn ihr habt den alten Menschen mit seinen bösen Gewohnheiten abgelegt und den neuen Menschen angezogen, der in wahrer Erkenntnis erneuert wird, nach dem Bild dessen, der ihn geschaffen hat" (**Kol 3,8-10**). Die Worte "einer den anderen" zeigen, dass Paulus zur Gemeinde spricht, d. h. zu denen, die an Christus glauben. Heißt das, dass es erlaubt ist, diejenigen, die nicht zur Gemeinde gehören, weiterhin zu belügen? Nein, denn Paulus spricht nicht nur von einer Änderung des Verhaltens, sondern von einer Änderung des Herzens und des Verstandes. Es ist schwer vorstellbar, dass wir, nachdem wir den "neuen Menschen" angezogen haben, im Umgang mit Ungläubigen irgendwie den alten Menschen wieder anziehen können. Wenn wir "all diese Dinge" abgelegt haben, dürfen wir sie nicht wieder anziehen.

Von diesen Sünden sind drei am Arbeitsplatz besonders relevant: Habgier, Zorn und Lüge. Diese drei Übel können in ansonsten legitimen Geschäftsaktivitäten auftreten.

- *Gier* ist das ungezügelte Streben nach Reichtum. Für ein Unternehmen ist es angemessen und notwendig, Gewinn zu machen, oder für eine gemeinnützige Organisation, einen Mehrwert zu schaffen. Wenn jedoch das Streben nach

Rentabilität grenzenlos, zwanghaft und exzessiv wird und sich auf das Streben nach persönlichem Gewinn reduziert, regiert die Sünde.

- Bei Konflikten kann *Wut* aufkommen. Konflikte müssen an jedem Arbeitsplatz diskutiert, untersucht und gelöst werden. Wenn er jedoch nicht offen und fair ausgetragen wird, artet der Konflikt in ungelösten Ärger, Wut und böswillige Absichten aus, und dann regiert die Sünde.
- *Lügen* können die Folge davon sein, dass die Erfolgswahrscheinlichkeit des Unternehmens oder die Produktvorteile unzutreffend dargestellt werden. Es ist richtig, dass jedes Unternehmen eine Vision für seine Produkte, Dienstleistungen und Organisation hat, die über das Bestehende hinausgeht. Eine Verkaufsbroschüre sollte das Produkt so gut wie möglich beschreiben und auf seinen besten Nutzen hinweisen, zusammen mit Warnungen über die Grenzen des Produkts. Ein Investorenprospekt sollte beschreiben, was das Unternehmen zu erreichen hofft, wenn es erfolgreich ist, und auch die Risiken, die auf dem Weg dorthin auftreten können. Wenn der Wunsch, ein Produkt, eine Dienstleistung, ein Unternehmen oder eine Person auf visionäre Weise darzustellen, die Grenze zur Täuschung überschreitet (eine unausgewogene Darstellung der Risiken im Vergleich zu den Vorteilen, eine Irreführung der Aufmerksamkeit oder schlichtweg Lügen), ist wiederum Sünde im Spiel.

Paulus versucht nicht, ein allgemeingültiges Kriterium für die Diagnose zu geben, wann richtige Tugenden zu Sünden geworden sind, aber er macht deutlich, dass Christen lernen müssen, dies in ihren jeweiligen Situationen zu tun.

Wenn der Christ die Person, die er früher war, "ablegt" (**Kol 3,5**), muss er die Person anziehen, die Gott will, nämlich die Person, die Gott nach dem Bild Christi neu erschafft (**Kol 3,10**). Das bedeutet nicht, sich zu verstecken und ständig zu beten und zu loben (obwohl wir zum Beten und Loben berufen sind, und einige von uns vielleicht dazu berufen sind, dies als Vollzeitberuf zu tun). Es bedeutet vielmehr, dass wir bei allem, was wir tun, Gottes Tugenden wie "Barmherzigkeit, Freundlichkeit, Demut, Sanftmut und Geduld" (**Kol 3,12**) berücksichtigen.

In seiner Ermahnung ermutigt uns Paulus, "einander zu ertragen" (**Kol 3,13**), wie es die meisten Übersetzungen wiedergeben, oder andere sagen "einander zu tolerieren", obwohl dies den Gedanken, den Paulus ausdrückt, nicht ganz erfasst. Er scheint damit sagen zu wollen, dass es in der Gemeinde alle möglichen Menschen gibt (und wir können das leicht auch auf den Arbeitsplatz übertragen), mit denen wir nicht von Natur aus gut auskommen werden. Unsere Interessen und Persönlichkeiten sind so unterschiedlich, dass sich vielleicht keine instinktive Bindung entwickelt, aber wir nehmen sie trotzdem in Kauf. Wir suchen ihr Wohl, vergeben ihre Sünden und tolerieren ihre irritierenden Eigenheiten. Viele der Charaktereigenschaften, die Paulus in seinen Briefen anpreist, lassen sich in dem Satz zusammenfassen: "Arbeitet gut mit anderen zusammen". Paulus selbst erwähnt die Mitarbeiter Tychikus, Onesimus, Aristarchus, Markus, Justus, Epaphras, Lukas, Demas, Nymphas und Archippus (**Kol 4,7-17**). Teamarbeit ist nicht nur eine klischeehafte Fähigkeit, die wir in unseren Lebenslauf schreiben, um ihn zu verbessern. Sie ist eine wesentliche christliche Tugend. Für die tägliche Arbeit ist es immens wichtig, sowohl das Alte abzutun als auch das Neue anzuziehen. Christen müssen das neue Leben Christi inmitten einer sterbenden Welt zeigen, und der Arbeitsplatz ist vielleicht der wichtigste Ort, an dem sie dies tun können.

- Christen könnten zum Beispiel versucht sein, sich an dem Klatsch und Tratsch zu beteiligen, der an vielen Arbeitsplätzen

herrscht. An jedem Arbeitsplatz gibt es wahrscheinlich
Menschen, die in ihrer Arbeits- und Freizeit Dinge tun, die in
pikanten Geschichten enden. Ist das Wiederholen der
Geschichten verlogen oder nicht?

- An jedem Arbeitsplatz gibt es wahrscheinlich ungerechte
  Maßnahmen, schlechte Chefs, nicht funktionierende Prozesse
  und fehlerhafte Kommunikationskanäle. Ist es eine
  Beleidigung, sich über diese Probleme zu beschweren?

Paulus ermahnt uns, auch an säkularen Arbeitsplätzen anders zu leben.
Die weltliche Natur abzutöten und Christus anzuziehen bedeutet, die
Menschen, die uns Unrecht getan haben, direkt zu konfrontieren, anstatt
hinter ihrem Rücken zu tratschen (**Mt 18,15-17**). Es bedeutet, daran
zu arbeiten, Ungerechtigkeiten am Arbeitsplatz zu korrigieren und zu
vergeben, wenn sie auftreten.

Manche mögen sich fragen: "Laufen Christen, die nicht so reden wie
andere, nicht Gefahr, als langweilige Menschen abgelehnt zu werden, die
meinen, sie seien 'heiliger als die Gottlosen'?" Das könnte passieren, wenn
Christen sich von anderen abgrenzen, um zu zeigen, dass sie besser sind
als andere. Die Kollegen werden das sofort bemerken. Wenn Christen
aber tatsächlich Christus anziehen, wird die große Mehrheit der
Menschen froh sein, in ihrer Nähe zu sein. Manche schätzen vielleicht
sogar insgeheim oder offen die Tatsache, dass jemand, den sie kennen,
zumindest versucht, ein Leben in "Barmherzigkeit, Freundlichkeit,
Demut, Sanftmut und Geduld" (**Kol 3,12**) zu führen. Ebenso ist es
möglich, dass christliche Arbeitnehmer, die sich weigern zu täuschen
(indem sie entweder irreführende Werbetexte ablehnen oder sich dem
grandiosen Schneeballsystem widersetzen), feststellen, dass sie sich
Feinde machen, was der Preis ist, den sie für ihre Ehrlichkeit zahlen
müssen. Es ist aber auch möglich, dass einige Mitarbeiter eine neue
Neigung zu den Wegen Jesu entwickeln, wenn die SEC an die Bürotür
klopft.

Arbeiten wie für den Herrn (Kolosser 3:17, 23)

W as bedeutet es also, "im Namen des Herrn Jesus" (**Kol 3,17**) zu arbeiten, und wie können wir unsere Arbeit mit ganzem Herzen "für den Herrn und nicht für Menschen" (**Kol 3,23**) verrichten? Die Arbeit im Namen des Herrn Jesus beinhaltet mindestens zwei Aspekte:

- Wir erkennen, dass wir Jesus bei der Arbeit repräsentieren. Wenn wir Nachfolger Christi sind, spiegelt die Art und Weise, wie wir andere behandeln, und der Fleiß und die Treue, mit denen wir arbeiten, unseren Herrn wider. Wie sehr entsprechen unsere Handlungen dem Charakter Gottes?
- Arbeiten "im Namen des Herrn Jesus" bedeutet auch, dass wir jeden Tag anerkennen, dass er unser Herr ist, unser Chef, dem wir letztendlich Rechenschaft ablegen müssen. Dies veranlasst Paulus, uns daran zu erinnern, dass wir für den Herrn arbeiten und nicht für Menschen. Ja, wir werden bei der Arbeit höchstwahrscheinlich horizontal rechenschaftspflichtig sein, aber der Fleiß, mit dem wir unsere Arbeit tun, kommt aus der Erkenntnis, dass letztlich Gott unser Richter ist.

Paulus schreibt: "Was ihr aber tut in Wort und Tat, das tut alles im Namen des Herrn Jesus und dankt Gott, dem Vater, durch ihn" (**Kol 3,17**). Wir können diesen Vers auf zwei Arten verstehen: auf eine oberflächliche und eine tiefere. Die oberflächliche Art ist, dass wir einige christliche Symbole und Details mit zur Arbeit bringen können, wie z. B. einen Bibelvers, der an den Arbeitsplatz geklebt wird, oder einen Aufkleber mit einer christlichen Botschaft auf der Rückseite unseres LKWs. Solche Gesten mögen sinnvoll sein, aber sie machen für sich genommen noch kein christlich geprägtes Arbeitsleben aus. Ein tieferer Weg, die Herausforderung des Paulus zu verstehen, besteht darin, speziell für die Arbeit zu beten, die wir tun: "Gott, bitte zeige mir, wie ich in der Sprache, die ich in diesem Bericht verwende, sowohl den Beschwerdeführer als auch den Angeklagten respektieren kann.

Eine noch tiefgreifendere Möglichkeit besteht darin, den Tag damit zu beginnen, darüber nachzudenken, wie unsere täglichen Ziele aussehen würden, wenn Gott der Chef in unserer Arbeit wäre. Wenn wir dieses Gebot des Paulus verstehen, können wir alle Aufgaben des Tages mit Blick auf gottgefällige Ziele erledigen. Was der Apostel damit andeuten will, ist, dass im Reich Gottes unsere Arbeit und unser Gebet integrierte Tätigkeiten sind. Wir neigen dazu, sie als getrennte Tätigkeiten zu betrachten, die es auszubalancieren gilt, aber in Wirklichkeit sind sie zwei Aspekte ein und derselben Tätigkeit, nämlich daran zu arbeiten, das zu erreichen, was Gott von uns in Gemeinschaft mit anderen Menschen und mit Gott erreichen will.

Von Sklaven und Herren, alten und neuen (Kolosser 3:18 - 4:1)

An dieser Stelle geht der Kolosserbrief in eine so genannte "Hausordnung" über, d. h. in eine Reihe von spezifischen Anweisungen für Ehefrauen und Ehemänner, Kinder und Eltern, Sklaven und Herren. Solche Kodizes waren in der antiken Welt weit verbreitet. Im Neuen Testament kommen sie in der einen oder anderen Form sechsmal vor - in **Galater 3,28; Epheser 5,15-6,9; Kolosser 3,15-4,1; 1. Timotheus 5,1-22; 6,1-2; Titus 2,1-15;** und **1. Petrus 2,11-3,9.** Für unsere Zwecke werden wir nur den Abschnitt im Kolosserbrief untersuchen, der mit Arbeit zu tun hat (über Sklaven und Herren in 3,18-4,1).

Um den Wert der Worte des Paulus für die Arbeitnehmer von heute voll zu schätzen, müssen wir ein wenig über die Sklaverei in der antiken Welt wissen. Die Leser im Westen glauben gemeinhin, dass die Sklaverei in der antiken Welt dasselbe war wie das Sklavereisystem der Zeit vor dem Bürgerkrieg im amerikanischen Süden, ein System, das für seine Brutalität und Entwürdigung berüchtigt war. Auf die Gefahr hin, zu sehr zu vereinfachen, könnte man sagen, dass das Sklavereisystem der antiken Welt dem der Vereinigten Staaten sowohl ähnlich als auch unterschiedlich war. Einerseits ist es wahrscheinlich, dass ausländische Kriegsgefangene, die in den Minen arbeiteten, in der Antike in einem weitaus schlechteren Zustand waren als Sklaven im Süden der Vereinigten Staaten. Andererseits waren einige Sklaven gebildete, geschätzte Mitglieder des Haushalts, dienten als Ärzte, Lehrer und Verwalter von Grundstücken. Dennoch galten sie alle als Eigentum ihrer Herren, so dass selbst Haussklaven grausam behandelt werden konnten und keine Rechtsmittel zur Verfügung standen.

Welche Bedeutung hat **Kolosser 3,18-4,1** für die Arbeitnehmer von heute? Heutzutage wird in den Industrieländern hauptsächlich gegen Bezahlung oder Lohn gearbeitet, aber im Römischen Reich war die Hauptform der Arbeit die Sklaverei. Viele Sklaven verrichteten Arbeiten, die wir heute als Berufe bezeichnen würden, und erhielten im Gegenzug Nahrung, Unterkunft und in der Regel einige Annehmlichkeiten. Die Macht der Herren über die Sklaven ähnelte in mancher Hinsicht der Macht, die Arbeitgeber oder Manager heute über die Arbeitnehmer ausüben, auch wenn sie viel extremer war. Die allgemeinen Grundsätze, die Paulus in diesem Brief über Sklaven und ihre Herren darlegt, können auf moderne Manager und Arbeitgeber angewandt werden, sofern wir die erheblichen Unterschiede zwischen unserer heutigen Situation und der Situation zu seiner Zeit berücksichtigen.

Was sind diese allgemeinen Grundsätze? Zunächst (und vielleicht zuallererst) erinnert Paulus die Sklaven daran, ihre Arbeit in der Gegenwart Gottes, der ihr wahrer Herr ist, aufrichtig zu tun. Mehr als alles andere will Paulus die Waage von Sklaven und Herren neu kalibrieren, damit sie die Dinge in Anerkennung von Gottes Gegenwart in ihrem Leben abwägen können. Die Sklaven sollen "in der Furcht des Herrn" (**Kol 3,22**) arbeiten, denn "Christus, der Herr", ist es, dem sie dienen (**Kol 3,24**). Kurz gesagt: "Was immer ihr tut, arbeitet von Herzen [wörtlich: "arbeitet mit eurer Seele"], als für den Herrn und nicht für die Menschen" (**Kol 3,23**). Auch die Herren müssen erkennen, dass ihre Autorität nicht absolut ist, denn auch sie haben "einen Herrn im Himmel" (**Kol 4,1**). Die Autorität Christi ist nicht durch die Mauern der Kirche begrenzt. Er ist der Herr der Arbeiter und der Chefs am Arbeitsplatz.

Das hat mehrere praktische Konsequenzen. Da Gott über die Arbeiter wacht, macht es keinen Sinn, dass sie einfach nur Menschenfresser sind, die nur "den Augen dienen" (wörtliche Übersetzung der griechischen Begriffe in **Kol 3,22**). In der heutigen Welt versuchen viele Menschen, sich bei ihren Chefs einzuschmeicheln, wenn diese in der Nähe sind, aber sobald sie durch die Tür gehen, werden sie faul. Es scheint, dass die Situation in der antiken Welt nicht anders war. Paulus erinnert uns daran, dass der oberste Chef immer zuschaut und dass die Realität uns dazu bringt, mit "aufrichtigem Herzen" zu arbeiten, keine Show für das Management zu veranstalten, sondern wirklich an den anstehenden Aufgaben zu arbeiten (manche irdischen Chefs neigen dazu, im Laufe der Zeit Menschen zu erkennen, die nur scheinbar arbeiten, obwohl in einer gefallenen Welt auch Faulpelze manchmal damit durchkommen können).

Die Gefahr, bei unehrlichen Handlungen oder schlechter Arbeit ertappt zu werden, wird in **Kolosser 3,25** bekräftigt: "Denn wer ungerecht handelt, wird die Folgen des Übels, das er begangen hat, erleiden, und zwar ohne Ansehen der Person". Da sich der obige Vers auf eine Belohnung Gottes für treue Dienste bezieht, können wir davon ausgehen, dass Gott auch da ist, um die Bösen zu bestrafen. An dieser Stelle sei jedoch angemerkt, dass die wichtigste Motivation nicht die Angst vor Strafe ist. Wir arbeiten nicht gut, nur um eine schlechte Leistungsbewertung zu vermeiden. Paulus will, dass gute Arbeit aus einem guten Herzen kommt. Er möchte, dass die Menschen gut arbeiten, weil es das Richtige ist, das sie tun. Was hier angedeutet wird, ist eine Bekräftigung des Wertes der Arbeit in den Augen Gottes. Da Gott uns geschaffen hat, um die Herrschaft über seine Schöpfung auszuüben, gefällt es ihm, wenn wir diese Aufgabe erfüllen, indem wir uns um hervorragende Arbeit bemühen. In diesem Sinne sind die Worte "und was immer ihr tut, das tut mit ganzem Herzen" (**Kol 3,23**) sowohl eine Verheißung als auch ein Gebot. Wir können mit Begeisterung arbeiten, weil die Gnade Gottes uns in Christus eine Erneuerung schenkt.

Kolosser 3,22-4,1 macht deutlich, dass Gott jede Arbeit ernst nimmt, auch wenn sie unter unvollkommenen oder entwürdigenden Bedingungen geleistet wird. Die Arbeit eines gut bezahlten

Augenchirurgen, der den grauen Star entfernt, ist für Gott ebenso wichtig wie die Baumwollernte eines Pächters oder sogar eines Sklaven auf dem Feld. Das bedeutet nicht, dass die Ausbeutung von Arbeitern in den Augen Gottes irgendwie akzeptabel ist. Es bedeutet, dass selbst ein missbräuchliches System den Arbeitnehmern nicht die Würde ihrer Arbeit rauben kann, denn diese Würde ist ihnen von Gott selbst gegeben.

Einer der bemerkenswerten Aspekte der neutestamentlichen Haushaltsordnung ist die Beharrlichkeit, mit der das Thema der *Gegenseitigkeit behandelt wird*. Paulus sagt nicht einfach, dass Untergebene ihren Vorgesetzten gehorchen sollen, sondern lehrt, dass wir in einem Netz von Beziehungen leben, die voneinander abhängig sind. Ehemänner und Ehefrauen, Eltern und Kinder, Sklaven und Herren - wir alle haben im Leib Christi Verpflichtungen gegenüber einander. So folgt unmittelbar nach den Geboten an die Sklaven ein Gebot an die Herren: "Ihr Herren, geht gerecht und fair mit euren Knechten um, weil ihr wisst, dass auch ihr einen Herrn im Himmel habt" (**Kol 4,1**). Welchen Spielraum das römische Rechtssystem den Herren auch immer gegeben hatte, sie waren letztlich vor Gottes Gericht verantwortlich, wo Gerechtigkeit für alle herrscht. Natürlich müssen Gerechtigkeit und Fairness in jeder neuen Situation neu interpretiert werden. Betrachten wir zum Beispiel das Konzept des "gerechten Lohns". Ein gerechter Lohn auf einem Bauernhof in China kann einen anderen Betrag darstellen als ein gerechter Lohn in einer Bank in Chicago. Es gibt jedoch eine gegenseitige Verpflichtung vor Gott für Arbeitgeber und Arbeitnehmer, sich gegenseitig fair und gerecht zu behandeln.

Filemon und Arbeit

Eine Anwendung des Themas der Gegenseitigkeit in der Arbeit wird im Kolosserbrief erwähnt und im Brief des Paulus an Philemon, dem kürzesten Buch der Bibel, diskutiert. Im Kolosserbrief erwähnt Paulus Onesimus, "einen treuen und geliebten Bruder" (**Kol 4,9**). Der Brief an Philemon erzählt uns, dass Onesimus der Sklave eines Christen namens Philemon war (**Philemon 16**). Offensichtlich entkam Onesimus, wurde Christ und dann Paulus' Assistent (**Phlm 10-11, 15**). Nach dem römischen Recht hatte Philemon das Recht, Onesimus hart zu bestrafen. Andererseits hatte Paulus - als Apostel des Herrn - das Recht, Philemon zu befehlen, Onesimus freizulassen (**Phlm 17-20**). Doch anstatt sich auf eine Hierarchie der Rechte zu berufen, wendet Paulus das Prinzip der Gegenseitigkeit an. Er bittet Philemon, Onesimus zu vergeben und ihn in keiner Weise zu bestrafen, während er gleichzeitig Onesimus auffordert, freiwillig zu Philemon zurückzukehren. Er bittet sie beide, einander als Brüder und nicht als Herr und Sklave zu behandeln (**Phlm 12-16**). Hier sehen wir eine dreiteilige Anwendung des Prinzips der Gegenseitigkeit zwischen Paulus, Philemon und Onesimus. Jeder ist dem anderen etwas schuldig. Jeder hat eine Forderung an den anderen. Paulus möchte, dass alle Schulden und Ansprüche zugunsten von gegenseitigem Respekt und Dienst aufgegeben werden. Hier sehen wir, wie Paulus die Tugenden des Mitgefühls, der Freundlichkeit, der Demut, der Sanftmut, der Geduld und des gegenseitigen Ertragens (**Kol 3,12-13**) in einer realen Arbeitssituation anwendet.

Paulus verwendet Überzeugung statt Befehl (**Phlm 14**), was eine weitere Anwendung des Prinzips der Gegenseitigkeit ist. Anstatt Philemon eine Lösung aufzuzwingen, geht er respektvoll auf ihn zu, legt ein überzeugendes Argument vor und überlässt ihm die Entscheidung. Philemon konnte nicht umhin, den klaren Wunsch des Paulus und seine Ankündigung zu sehen, dass er nachfassen würde (**Phlm 21**). Paulus geht jedoch geschickt mit der Kommunikation um, was ein Vorbild für die Lösung von Problemen am Arbeitsplatz ist.

Fazit von Kolosser und Philemon

Der Kolosserbrief gibt uns ein Bild von Gottes Maßstab für die Arbeit. Als Angestellte dienen wir unseren Arbeitgebern mit Integrität und geben ein volles Maß an Arbeit für den Lohn, den wir erhalten (**Kol 3,23**). Wenn wir Vorgesetzte sind, behandeln wir die Untergebenen so, wie Gott uns behandelt: mit Barmherzigkeit, Freundlichkeit, Demut, Sanftmut und Geduld (**Kol 3,12**). Gott möchte, dass unsere Arbeit in wechselseitigen Beziehungen geschieht, wobei jede Partei zum Gesamtwerk beiträgt und davon profitiert. Aber auch wenn die anderen Parteien ihrer Pflicht zur Gegenseitigkeit nicht nachkommen, sollten die Christen ihren Verpflichtungen nachkommen (**Kol 3,22-4,1**). Dem Beispiel Jesu folgend, bieten wir Vergebung angesichts von Konflikten an (**Kol 1,13**) und stellen, wenn nötig, unsere Macht um der anderen willen zurück (**Kol 1,20**). Das bedeutet nicht, dass es uns an strengen Maßstäben und Rechenschaftspflicht mangelt oder dass Christen in der Wirtschaft und an anderen Arbeitsplätzen nicht stark konkurrieren und erfolgreich sein können. Es bedeutet, dass Christen Vergebung anbieten. Es bedeutet aber, dass wir nicht immer dulden können, was unsere Arbeitskultur für akzeptabel hält (**Kol 3,1-3**), vor allem, wenn dies zu einer unfairen oder ungerechten Behandlung eines Mitarbeiters oder Angestellten führt (**Kol 4,1**). Wir sehen das im Fall von Onesimus und Philemon. Wir bemühen uns, in unserer Arbeit ausgezeichnet zu sein, weil wir sie im Namen des Herrn Jesus tun und nicht nur für Menschen, weil wir wissen, dass wir vom Herrn ein Erbe als Lohn erhalten werden (**Kol 3,23-24**).

Einführung in den 1. und 2. Thessalonicherbrief

"Wir arbeiten hart, damit Sie es nicht tun müssen. Dies ist der Werbeslogan eines modernen Toilettenreinigers, aber - mit einer kleinen Abwandlung - könnte es auch der Slogan einiger Christen in der antiken Stadt Thessaloniki gewesen sein. "Jesus hat hart gearbeitet, damit ich nicht arbeiten muss". Viele glaubten, dass das neue Leben, das Jesus anbot, ein Grund war, ihr altes Leben aufzugeben, zu dem auch harte Arbeit gehörte, und so gaben sie ihre Berufe auf. Wie wir sehen werden, ist es schwierig, genau zu wissen, warum einige Thessalonicher nicht arbeiteten. Vielleicht dachten sie fälschlicherweise, dass die Verheißung des ewigen Lebens bedeutete, dass dieses Leben nicht mehr wichtig war. Wie auch immer, diese Arbeitslosen lebten von der Großzügigkeit der verantwortungsvolleren Gemeindemitglieder. Sie verbrauchten die Mittel, die für die Bedürfnisse derjenigen bestimmt waren, die nicht wirklich für sich selbst sorgen konnten, und sie wurden lästig und streitsüchtig.

In seinem Brief an die Thessalonicher weigert sich Paulus, diese Situation zu akzeptieren. Er macht deutlich, dass die Christen ihre Arbeit fortsetzen müssen, denn der Weg Christi ist nicht Müßiggang, sondern Dienst und hervorragende Arbeit.

Thessaloniki und seine Kirche

Thessaloniki war die Hauptstadt der römischen Provinz Makedonien und eine große Hafenstadt am Mittelmeer mit über 100.000 Einwohnern. Sie verfügte nicht nur über einen natürlichen Hafen, sondern lag auch an den wichtigsten Nord-Süd-Handelswegen und an der Ignatiusstraße, die Italien mit den östlichen Provinzen verband. Die Menschen kamen aus den umliegenden Städten in diese große Stadt, die ein lebhaftes Zentrum des Handels und der Philosophie war. Zu den natürlichen Ressourcen Thessalonikis gehörten Holz, Getreide, Früchte vom Festland, Gold und Silber (obwohl nicht sicher ist, ob im ersten Jahrhundert nach Christus Gold- und Silberminen betrieben wurden). Thessaloniki war Rom gegenüber besonders wohlwollend eingestellt und verfügte über eine eigene Regierung sowie den Status einer freien Stadt. Da ihre Bürger römische Staatsbürger waren, war sie von Tributzahlungen an Rom befreit.

Die Gemeinde in Thessaloniki wurde von Paulus und seinen Begleitern Timotheus und Silas während der zweiten Missionsreise im Jahr 50 n. Chr. gegründet. Gott wirkte mächtig durch die Missionare und viele wurden Christen. Einige Juden glaubten (**Apg 17,4**), aber die Mehrheit der Gemeinde war nichtjüdisch (**1Th 1,9-10**). Obwohl sie einige relativ wohlhabende Mitglieder hatte - wie Jason, Aristarchus und einige der "führenden Frauen" (**Apg 17,4.6-7; 20,4**) - scheint sie größtenteils aus Arbeitern (**1Thess 4,11**) und wahrscheinlich einigen Sklaven bestanden zu haben. Im 2. Korintherbrief stellt Paulus fest, dass die "mazedonischen Gemeinden" durch "tiefe Armut" gekennzeichnet waren (**2. Kor. 8,2**), und die Gemeinde in Thessalonich dürfte eine von ihnen gewesen sein.

Über die konkreten Situationen, die Paulus dazu veranlassten, diese beiden Briefe zu schreiben, ist viel diskutiert worden. Für unsere Zwecke genügt es zu sagen, dass Paulus Gläubige ermutigen wollte, die versuchten, in einer heidnischen und feindlichen Umgebung ein treues christliches Leben zu führen. Zusätzlich zu den üblichen Kämpfen gegen Dinge wie Götzendienst und sexuelle Unmoral waren sie auch verwirrt über die Endzeit, die Rolle der täglichen Arbeit und das Leben des Glaubens.

Das Werk des Glaubens, das Ende und die Bewahrung des Glaubens (1. Thessalonicher 1,1-4,8; 4,13-5,28; 2. Thessalonicher 1,1-2,17)

Das Werk des Glaubens (1. Thessalonicher 1,1-4,8)

———

Angesichts der arbeitsbezogenen Themen, die später in den Briefen auftauchen werden, ist es interessant, dass Paulus zu Beginn an das Glaubenswerk der Thessalonicher, ihr Liebeswerk und die Standhaftigkeit ihrer Hoffnung auf unseren Herrn Jesus Christus erinnert (**1 Th 1,3**). Paulus schreibt seine Briefe sorgfältig, und allein dieser Anfang dient dazu, das Vokabular des Werkes in sein Gespräch einzuführen. Der Vers erinnert uns daran, dass der Glaube nicht einfach eine gedankliche Annahme der Aussagen des Evangeliums ist, sondern Arbeit erfordert. Er ist die Antwort des ganzen Lebens auf die Gebote und Verheißungen des Gottes, der uns durch seinen Geist erneuert und befähigt. Offensichtlich reagieren die Thessalonicher in ihrem täglichen Glaubensleben gut darauf, auch wenn sie ermutigt werden müssen, weiterhin in moralischer Reinheit zu leben (**1 Thess 4,1-8**).

Das Thema Arbeit kommt in Kapitel 2 wieder auf, wenn Paulus die Thessalonicher daran erinnert, dass er und seine Freunde Tag und Nacht gearbeitet haben, um ihnen nicht zur Last zu fallen (**1 Thess 2,9**). Paulus sagt dies, damit die Thessalonicher sehen, wie wichtig sie ihm trotz seiner physischen Abwesenheit waren. Es könnte aber auch eine Ermahnung an die Mitglieder der Gemeinde sein, die vielleicht von der Großzügigkeit anderer Gläubiger lebten. Wenn jemand ein Recht darauf hatte, von den Thessalonichern etwas zu erhalten, dann war es Paulus, denn seine harte Arbeit hatte ihnen das neue Leben in Christus überhaupt erst ermöglicht. Paulus erhielt jedoch kein Geld von den Thessalonichern als Entschädigung. Stattdessen arbeitete er hart als Kaufmann, um seine Sorge um sie zum Ausdruck zu bringen.

Das Ende (1 Thessalonicher 4:13-5:28)

Dann tröstet Paulus die Thessalonicher über den Tod, der in ihrer Gemeinschaft eingetreten ist. Die Toten sind nicht tot, sondern schlafen nur, denn Jesus wird sie am letzten Tag aufwecken (**1 Thess 4,13-18**). Sie sollten sich nicht um den Tag sorgen, an dem dies geschehen wird, denn das liegt in Gottes Hand. Ihre einzige Sorge sollte sein, weiterhin im Licht zu wandeln, inmitten einer dunklen Welt treu und hoffnungsvoll zu bleiben (**1 Thess 5,11**). Das bedeutet unter anderem, dass sie diejenigen respektieren sollen, die arbeiten (**1 Thess 5,12-13**; der Hinweis könnte sich auf die "Arbeit" beziehen, Menschen im Glauben zu unterrichten, aber er könnte auch für Arbeiter im Allgemeinen gelten, im Gegensatz zu denen, die arbeitslos sind), und dass sie die Faulenzer unter ihnen ermahnen sollen (**1 Thess 5,14**). Die Verheißung des ewigen Lebens gibt uns umso mehr - und nicht weniger - Grund, in diesem Leben hart zu arbeiten, denn das Gute, das wir tun, bleibt für immer bestehen, weil wir "Kinder des Tages" der Erlösung durch Christus sind und nicht der Nacht (**1 Thess 5,4-8**). Jeder Tag gibt uns die Möglichkeit, "immer das zu tun, was gut für einander und für alle ist" (**1 Thess 5,15**).

Den Glauben bewahren (2. Thessalonicher 1:1-2:17)

Am Anfang des 2. Thessalonicherbriefs sehen wir, dass Paulus sich immer noch darüber freut, dass die Thessalonicher in einem schwierigen Umfeld an ihrem Glauben festhalten, und er ermutigt sie, indem er ihnen sagt, dass Jesus wiederkommen wird, um Gerechtigkeit zu üben (**2 Thess 1,1-12**). Einige von ihnen sind jedoch besorgt, dass der Tag des Herrn bereits gekommen ist und dass sie ihn verpasst haben. Paulus sagt ihnen, dass der Tag noch nicht gekommen ist und dass er in der Tat erst dann kommen wird, wenn Satan einen letzten großen Versuch unternimmt, die Welt durch den "Gesetzlosen" zu verführen (möglicherweise die Gestalt, die wir gemeinhin als "den Antichristen" kennen; **2 Thess 2,8**). Sie müssen Mut fassen: Gott wird Satan und seine Schergen richten, aber seinen geliebten Kindern ewigen Segen bringen (**2 Thess 2,9-17**).

Treue Arbeit (1. Thessalonicher 4,9-12 und 2. Thessalonicher 3,6-16)

———

Das Thema Arbeit wird direkt in **1 Thessalonicher 4,9-12** und **2 Thessalonicher 3,6-16** behandelt. Die Gelehrten diskutieren weiterhin darüber, was genau zu dem Problem der Arbeitslosigkeit in Thessalonich geführt hat. Während wir uns mehr damit beschäftigen, wie Paulus das Problem lösen wollte, ist es hilfreich, einige Vermutungen darüber anzustellen, wie das Problem überhaupt entstanden sein könnte.

- Viele glauben, dass einige der Thessalonicher aufgehört hatten zu arbeiten, weil die Endzeit nahe war. Vielleicht waren sie der Meinung, dass sie bereits im Reich Gottes lebten und nicht mehr zu arbeiten brauchten. Oder sie dachten, dass Jesus jeden Moment kommen würde und es deshalb keinen Sinn mehr hätte, zu arbeiten. In den Briefen an die Thessalonicher ist viel von Missverständnissen über die Endzeit die Rede, und es ist interessant, dass die Abschnitte über die Arbeitslosigkeit in **1 Thessalonicher 4,9-12** und **2 Thessalonicher 3,6-16** im Zusammenhang mit Lehren zu diesem Thema zu finden sind. Allerdings stellt Paulus keine spezifische Verbindung zwischen Arbeitslosigkeit und Endzeitlehre her.
- Andere haben vorgeschlagen, dass der Rückzug aus einem "edleren" Grund erfolgte: Die Leute hatten ihre Arbeit aufgegeben, um das Evangelium zu verkünden. (Es ist möglich, dass diese Aktion abgeschwächt worden wäre, wenn sie den eschatologischen Eifer gehabt hätten, der in der ersten Perspektive festgestellt wurde.)) Diese Möchtegern-Evangelisten stehen in krassem Gegensatz zu Paulus, dem Hauptevangelisten, der dennoch mit seinen eigenen Händen

arbeitet, um der Gemeinde nicht zur Last zu fallen. Die Gemeinden in Mazedonien waren für ihren Evangelisationseifer bekannt, aber es ist noch nicht klar, ob diejenigen, die nicht in Thessalonich arbeiteten, ihre Freizeit unbedingt für die Evangelisation nutzten.

- Eine dritte Perspektive sieht das Problem eher soziologisch als theologisch. Einige Arbeiter waren arbeitslos (sei es aufgrund von Faulheit, Verfolgung oder allgemeiner wirtschaftlicher Unzufriedenheit) und von der Wohltätigkeit anderer in der Kirche abhängig geworden. Sie entdeckten, dass das Leben als Kunden eines wohlhabenden Arbeitgebers wesentlich einfacher war als das Leben als Arbeiter, die den ganzen Tag schufteten. Das Gebot an die Christen, füreinander zu sorgen, wurde für sie zu einem leichten Vorwand, um ihren parasitären Lebensstil fortzusetzen.

Es ist schwierig, sich für einen dieser Vorschläge zu entscheiden. Sie haben alle etwas, das sie in den Briefen untermauert, und es ist leicht, moderne Analogien in der heutigen Kirche zu erkennen. Viele Menschen unterschätzen heute die tägliche Arbeit, weil "Jesus bald wiederkommt und es sowieso alles zu Ende geht". Viele christliche Arbeitnehmer rechtfertigen ihre unzureichenden Leistungen mit der Begründung, dass ihr "eigentlicher" Zweck bei der Arbeit darin besteht, ihre Kollegen zu evangelisieren. Darüber hinaus gibt es Situationen, in denen wir sehen, dass die Abhängigkeit von der Nächstenliebe anderer nicht hilfreich ist, sowohl im lokalen Kontext (z. B. Pfarrer, die gebeten werden, einem Mann Geld zu geben, dessen Mutter gestorben ist... zum dritten Mal in diesem Jahr) als auch im globalen Kontext (z. B. die Frage, ob ausländische Hilfe mehr schadet als hilft).

Wir können jedoch auch ohne absolute Gewissheit darüber, was die Ursache für das Problem der Arbeitslosigkeit in Thessalonich war, vorankommen. Erstens können wir feststellen, dass die oben genannten

Perspektiven eine gemeinsame, aber falsche Annahme teilen: dass *das Kommen Christi in die Welt den Wert der täglichen Arbeit radikal verringert hat*. Die Menschen benutzten einen Aspekt der Lehre Christi - sein zweites Kommen, seinen Auftrag, die Welt zu evangelisieren, oder sein Gebot, an der Gemeinschaft teilzuhaben -, um ihren Müßiggang zu rechtfertigen. Paulus akzeptiert diese Situation nicht. Ein verantwortungsbewusstes christliches Leben setzt Arbeit voraus, sogar die harte Arbeit eines Handarbeiters im ersten Jahrhundert. Es ist ebenso klar, dass Paulus sich daran stört, wenn Menschen die Großzügigkeit anderer in der Gemeinde ausnutzen. Wenn Menschen arbeiten können, sollten sie auch arbeiten. Schließlich scheint es, dass der Müßiggang der Christen der Kirche in der heidnischen Gemeinschaft ein schlechtes Image einbrachte.

Von Christen wird erwartet, dass sie arbeiten (1. Thessalonicher 4,9-12; 5,14).

Von Christen wird erwartet, dass sie arbeiten, soweit sie dazu in der Lage sind.

Paulus betont, dass Gott erwartet, dass jeder Christ, der arbeiten kann, dies auch tut (**1 Thess 4,11-12**). Er ermahnt die Thessalonicher, mit ihren Händen zu arbeiten (**1 Thess 4,11**) und "von niemandem abhängig" zu sein (**1 Thess 4,12**, NIV). Anstatt die Arbeit zu meiden, sollen die thessalonischen Christen fleißig sein und arbeiten, um ihren eigenen Lebensunterhalt zu verdienen, und so vermeiden, anderen übermäßige Lasten aufzubürden. Das Leben eines Arbeiters in einer griechisch-römischen Stadt war sowohl nach modernen als auch nach antiken Maßstäben schwierig, und sie müssen die Vorstellung verlockend gefunden haben, dass Arbeit vielleicht nicht notwendig war. Die Arbeit aufzugeben, um von der Arbeit anderer zu leben, ist jedoch inakzeptabel. Es ist bemerkenswert, dass Paulus dieses Thema im 1. Thessalonicherbrief mit den Begriffen der "Bruderliebe" umschreibt (**1 Thess 4,9**). Der Gedanke ist einfach, dass Liebe und Respekt in christlichen Beziehungen wesentlich sind, und dass es nicht sehr liebevoll oder respektvoll gegenüber wohltätigen Brüdern und Schwestern ist, unnötigerweise von der Wohltätigkeit anderer zu leben.

Es ist wichtig, daran zu denken, dass Arbeit nicht immer mit einer Entlohnung verbunden ist. Viele Formen der Arbeit - Kochen, Putzen, Reparieren, Verschönern, Kindererziehung, Jugendtraining und Tausende andere - erfüllen die Bedürfnisse der Familie oder der Gemeinschaft, werden aber nicht entlohnt. Andere - wie z. B. die Kunst - werden vielleicht kostenlos oder zu einem Preis angeboten, der zu niedrig ist, um diejenigen zu unterstützen, die sie ausüben. Sie alle sind jedoch Arbeit. Von Christen wird nicht unbedingt erwartet, dass sie Geld verdienen, sondern dass sie arbeiten, um sich selbst, ihre Familien, die Kirche und die Gemeinschaft zu unterstützen.

Der Schöpfungsauftrag ist immer noch in Kraft

Das Gebot von **Genesis 2,15** ("Da nahm Gott der Herr den Menschen und setzte ihn in den Garten Eden, dass er ihn bebaute und bewohnte") gilt nach wie vor. Das Werk Christi hat die ursprüngliche Arbeit des Menschen nicht beseitigt oder ersetzt, sondern sie fruchtbarer und letztlich wertvoller gemacht. Es ist möglich, dass Paulus den Text aus **1. Mose 2,15** im Sinn hat, wenn er in **1. Thessalonicher 5,14**, **2. Thessalonicher 3,6** und **11** und **1. Thessalonicher 5,7** mit dem griechischen Adjektiv, Adverb und Verb, die von der Wurzel *atakt-* ("Unordnung") abgeleitet sind, auf die Untätigen verweist. Alle diese Wörter beschreiben das Verhalten der Arbeitslosen als ungeordnet und offenbaren eine "unverantwortliche Haltung gegenüber der Verpflichtung zur Arbeit". Die Ordnung, die gebrochen wird, könnte das Gebot zur Arbeit in Genesis 2 sein.

Das Beharren des Paulus auf der fortdauernden Gültigkeit der Arbeit ist kein Zugeständnis an eine bürgerliche Agenda, sondern spiegelt eine ausgewogene "schon, aber noch nicht"-Perspektive des Reiches Gottes wider. Das Reich Gottes ist in der Person Jesu bereits auf die Erde gekommen, aber es ist noch nicht vollendet (**1 Thess 4,9-10**). Wenn Christen mit Fleiß und Exzellenz arbeiten, zeigen sie, dass das Reich Gottes keine eskapistische Fantasie ist, sondern eine Erfüllung der tieferen Realität der Welt.

Christen müssen mit Exzellenz arbeiten

Wegen der Bedeutung der Arbeit müssen die Christen die besten Mitarbeiter sein. Eine der Folgen, wenn sie nicht mit Spitzenleistungen arbeiten, ist, dass sie die Kirche in Verruf bringen können. Viele Zyniker in der griechisch-römischen Welt gaben ihre Arbeit auf, ein Verhalten, das in der Gemeinschaft als unehrenhaft angesehen wurde.

Paulus ist sich bewusst, dass das Ansehen der Kirche als Ganzes leidet, wenn Christen sich ihrer Verantwortung für die Arbeit entziehen. In **1 Thessalonicher 4,11-12** wird deutlich, dass er besorgt ist, dass die Gesellschaft ein falsches Bild von der Kirche hat. Im Kontext der griechisch-römischen Welt macht seine Sorge durchaus Sinn, denn das, was in der Gemeinde in Thessalonich geschah, entsprach nicht nur nicht den gesellschaftlichen Anstandsnormen, sondern ließ auch wohltätige Christen naiv und töricht erscheinen. Paulus will nicht, dass die Christen bei der Arbeit unter die gesellschaftlichen Normen fallen, sondern dass sie sich über sie erheben. Wenn sie ihre Rolle in der Gesellschaft nicht erfüllen, laufen sie außerdem Gefahr, noch mehr Gerüchte und Ressentiments gegen Christen zu schüren. Paulus hofft, dass diejenigen, die die Kirche verfolgen, keinen berechtigten Grund für ihre Feindseligkeit haben. Was die Arbeit betrifft, so sollten Christen vorbildliche Bürger sein. Indem die Kirche Arbeitslose diszipliniert, distanziert sie sich von deren unangemessenem Verhalten.

Ältere Christen sollten jüngeren Christen ein Beispiel für eine gute Arbeitsmoral sein. Obwohl Paulus wusste, dass der Prediger des Evangeliums ein Recht auf finanzielle Unterstützung hatte (**1. Tim. 5,17-18**), weigerte er sich selbst, diese in Anspruch zu nehmen (**1. Tim. 2,9; 2. Tim. 3,8**). Er sah ein, dass es notwendig war, den neuen

Gläubigen ein Beispiel dafür zu geben, wie das christliche Leben aussieht, und das bedeutete, dass er sich ihnen bei der Arbeit anschloss. In der griechisch-römischen Welt war es üblich, dass wandernde Philosophen ihren Bekehrten finanzielle Lasten aufbürdeten, aber Paulus war nicht daran interessiert, ein leichtes Leben zu führen oder durch seine geistliche Arbeit ein Bild der Überlegenheit zu vermitteln. Christliche Führung ist dienende Führung, auch im Bereich der Arbeit.

Handarbeit und harte Arbeit sind ehrenwert

Paulus vertrat eine positive Auffassung von harter Arbeit, die der Kultur zuwiderlief. Die griechisch-römische Welt hatte eine sehr negative Einstellung zur manuellen Arbeit. Bis zu einem gewissen Grad ist dies angesichts der Unannehmlichkeiten der städtischen Handarbeitsplätze verständlich. Wenn die Arbeitslosigkeit in Thessaloniki tatsächlich unter den Handarbeitern herrschte, ist es leicht zu verstehen, wie einfach es gewesen sein muss, diese Ausbeutung der Nächstenliebe ihrer Brüder zu rationalisieren, anstatt an ihren Arbeitsplatz zurückzukehren. Waren denn nicht alle Christen in Christus gleich? Paulus hat jedoch keine Zeit für Rationalisierungen. Er behandelt das Thema aus einer Perspektive, die stark im Alten Testament verwurzelt ist, wo gezeigt wird, dass Gott Adam geschaffen hat, um zu arbeiten, und dass Adams Handarbeit nicht von der Anbetung getrennt ist, sondern eine Form der Anbetung darstellt. Paulus ist der Ansicht, dass die Handarbeit den Christen obliegt, und Paulus selbst hatte getan, was er von diesen arbeitslosen Brüdern verlangte. Der Apostel sieht die Arbeit einfach als eine Möglichkeit für die Gläubigen, Gott zu ehren, anderen Christen Liebe zu erweisen und Außenstehenden die verwandelnde Kraft des Evangeliums zu demonstrieren. Er möchte, dass die arbeitslosen Brüder seine Sichtweise übernehmen und ein bewundernswertes, nicht unehrenhaftes Beispiel für ihre ungläubigen Zeitgenossen werden.

Denjenigen, die wirklich nicht arbeiten können, soll geholfen werden (1. Thessalonicher 4,9-10).

Paulus ist ein Verfechter der Wohlfahrt und der Nächstenliebe, aber nur für diejenigen, die sie wirklich brauchen. Er sieht klar, dass die ersten Äußerungen der Versorgung der arbeitslosen Thessalonicher Christen ein richtiger Ausdruck christlicher Liebe sind (**1 Thess 4,9-10**). Und selbst nachdem einige den Ausdruck der Liebe anderer selbstsüchtig ausgenutzt haben, ermutigt er die Gemeinde weiterhin, Gutes zu tun, indem sie denen, die wirklich bedürftig sind, hilft (**2 Thess 3,13**). Es wäre nicht schwer für die Wohltäter gewesen, von der Wohltätigkeit im Allgemeinen enttäuscht zu werden und in Zukunft nicht mehr zu spenden.

Der entscheidende Faktor bei der Entscheidung, ob ein Arbeitsloser der Nächstenliebe oder der Hilfe würdig ist, ist die Bereitschaft zur Arbeit (**2 Thess 3,10**). Manche Menschen sind zwar durchaus in der Lage zu arbeiten, tun es aber nicht, weil sie es nicht wollen, und verdienen keine finanzielle oder materielle Unterstützung. Umgekehrt gibt es Menschen, die aufgrund einer Behinderung oder eines mildernden Umstands nicht arbeiten können und finanzielle und materielle Hilfe verdienen. Vers 13 geht davon aus, dass es Fälle gibt, die wirklich die Wohltätigkeit der thessalonischen Gemeinde erfordern.

Natürlich ist es schwierig, in der Realität festzustellen, wer faulenzt und wer arbeiten oder eine Stelle finden will, aber nicht kann. Wenn es für die engsten Gemeindemitglieder in Thessaloniki schon schwierig war, zu erkennen, wer von ihnen finanzielle Unterstützung verdient, dann kann man sich vorstellen, wie viel schwieriger es in einer großen modernen

Stadt, Provinz oder Nation ist. Diese Realität hat zu tiefen Spaltungen unter den Christen in Bezug auf die Sozialpolitik geführt, so wie sie in Kirche und Staat praktiziert wird. Einige ziehen es vor, sich auf die Seite der Barmherzigkeit zu schlagen, indem sie Menschen in offensichtlichen finanziellen Schwierigkeiten einen relativ einfachen und großzügigen Zugang zu Sozialleistungen gewähren, manchmal sogar auf langfristiger Basis. Andere ziehen es vor, sich auf die Seite des Fleißes zu schlagen, indem sie einen relativ strengen Nachweis verlangen, dass die Notlage auf Faktoren zurückzuführen ist, die außerhalb der Kontrolle des Empfängers liegen, und Leistungen gewähren, die in ihrer Höhe und Dauer begrenzt sind. Eine besonders umstrittene Frage ist die Unterstützung für alleinerziehende Mütter mit kleinen Kindern und die Unterstützung für Menschen, die in Zeiten des wirtschaftlichen Abschwungs lange arbeitslos waren. Kümmert sich diese Unterstützung um die schwächsten Mitglieder der Gesellschaft, insbesondere Kinder in sozial schwachen Familien, oder subventioniert sie stattdessen eine Kultur der Arbeitslosigkeit zum Nachteil des Einzelnen und der Gemeinschaft? Dies sind schwierige und herausfordernde Fragen. Bibelstellen wie die in den Briefen an die Thessalonicher sollten für die soziale und politische Perspektive der Christen von zentraler Bedeutung sein. Unsere Schlussfolgerungen mögen uns in Opposition zu anderen Christen bringen, aber das ist nicht unbedingt ein Grund, sich nicht mehr am politischen und sozialen Leben zu beteiligen. Allerdings sollten wir uns am politischen und gesellschaftlichen Diskurs mit Respekt, Freundlichkeit und einer gesunden Demut beteiligen, in dem Bewusstsein, dass unsere Meinungen nicht unfehlbar sind, und in dem Bewusstsein, dass dieselben Textstellen andere Gläubige zu anderen Schlussfolgerungen führen können. Die Briefe an die Thessalonicher offenbaren Gottes Werte und Gedanken, wie sie auf den antiken Kontext von Thessaloniki angewendet werden. Sie stellen jedoch kein Parteiprogramm oder ein unumstößliches soziales Programm dar, das in gleicher Weise auf die heutigen, sehr unterschiedlichen Kontexte angewendet werden kann.

Es ist klar, dass Paulus daran denkt, dass alle Thessalonicher Christen in dem Maße arbeiten sollen, wie sie dazu in der Lage sind, und dass die Gemeinde sich um diejenigen kümmern soll, die wirklich bedürftig sind. Er möchte, dass die Gelder der Wohltäter in der Gemeinde strategisch eingesetzt und nicht sinnlos vergeudet werden. Wenn die Arbeitslosen wieder arbeiten, werden auch sie in der Lage sein, eher zu geben als zu nehmen, und die Fähigkeit der Kirche, das Evangelium zu verbreiten und den Armen und Bedürftigen innerhalb und außerhalb der Kirche zu dienen, wird sich erhöhen. Wenn die Bibel darauf besteht, dass Christen arbeiten sollen, um ihren Lebensunterhalt zu bestreiten, wann immer dies möglich ist, hat sie letztlich die Ausdehnung des Reiches Gottes auf Erden im Blick.

Arbeitslosigkeit (2. Thessalonicher 3:6-15)

Arbeitslosigkeit ist ein Thema für die christliche Gemeinschaft, nicht nur für den Einzelnen.

Die Worte aus **2 Thessalonicher 3,10** sind grundlegend: "Wer nicht arbeiten will, soll auch nicht essen. Gott betrachtet das Versäumnis zu arbeiten als ein schweres Vergehen, so schwer, dass die Kirche aufgerufen ist, ihre untätigen Mitglieder zu korrigieren. Paulus ermahnt die Gemeinde, diejenigen zu "ermahnen", die sich ihrer Arbeitspflicht entziehen (**1 Thess 5,14**), und befiehlt in **2 Thessalonicher 3,6-15**, dass die Gemeinde "im Namen unseres Herrn Jesus Christus" die untätigen Geschwister züchtigt. Die Züchtigung ist relativ hart, was zeigt, dass Faulheit für Paulus keine Kleinigkeit war. Die Gemeinde wird aufgefordert, sich von denen zu "trennen", die sich ihrer Verantwortung für die Arbeit entziehen, was wahrscheinlich bedeutet, dass sie es vermeiden soll, sie in die christliche Gemeinschaft einzubeziehen, wenn sie zusammenkommt. Natürlich war die Absicht, einen kurzen, scharfen Schock bei den beleidigenden Brüdern zu provozieren, indem man sie vertrieb und sie so auf den rechten Weg zurückbrachte.

Arbeitslosigkeit führt zum Bösen

Die negativen Folgen der Arbeitsvermeidung gehen über die Belastung der anderen hinaus. Wer sich vor der Arbeit drückt, verbringt seine Zeit häufig mit ungesunden Tätigkeiten. Die Ermahnung des Paulus an die thessalonischen Arbeiter, "ein ruhiges Leben zu führen" und "sich um die eigenen Angelegenheiten zu kümmern" (**1. Thessalonicher 4,11**), impliziert, was in **2. Thessalonicher 3,11** ausdrücklich gesagt wird: "Wir hören, dass einige unter euch unordentlich wandeln, nicht arbeiten, sondern sich in alles einmischen". Das griechische Wort *periergazomai* (übersetzt "sich in alles einmischen") bezieht sich auf die Einmischung in die Angelegenheiten anderer Menschen. Paulus drückt einen ähnlichen Gedanken in **1. Timotheus 5,13** aus, wo er davon spricht, dass die Gemeinde die jüngeren Witwen unterstützt, die "nicht nur müßig sind, sondern auch Schwätzer und Wichtigtuer, die über Dinge reden, die nicht von Wert sind". Es scheint, dass die Arbeitslosen in Thessalonich sich in die Angelegenheiten anderer einmischten und streitsüchtig waren. Müßiggang erzeugt Ärger.

Zusammenfassung von 1 und 2 Thessalonicher

Arbeitsfragen sind in die Struktur der Thessalonicherbriefe eingewoben. Am deutlichsten wird dies in einigen expliziten Passagen und insbesondere im 2. Thessalonicherbrief. Der Grundgedanke beider Briefe ist, dass Christen dazu aufgerufen sind, in dem Maße zu arbeiten, wie wir dazu in der Lage sind. Arbeit ist notwendig, um Essen auf den Tisch zu bringen, also sollten diejenigen, die essen, Arbeiter sein. Außerdem ist Arbeit ehrenvoll und spiegelt Gottes Absicht für die Menschheit in der Schöpfung wider. Nicht jeder hat die gleiche Fähigkeit zu arbeiten, daher wird das Maß der Arbeit nicht durch die Höhe der Leistung bestimmt, sondern durch die Haltung des Dienens und des Engagements für hervorragende Leistungen. Deshalb haben diejenigen, die so gut und so hart arbeiten, wie sie können, vollen Anteil am Reichtum der Gemeinschaft. Diejenigen, die sich vor der Arbeit drücken, müssen dagegen von der Kirche zur Rede gestellt werden. Wenn sie in ihrem Müßiggang verharren, sollten sie ihren Lebensunterhalt nicht durch andere erhalten. Als letztes Mittel sollten sie sogar aus der Gemeinschaft ausgeschlossen werden, denn Müßiggang führt nicht nur dazu, die Früchte der Arbeit anderer zu verzehren, sondern auch dazu, dass die Gemeinschaft durch Einmischung, Klatsch und Behinderung gestört wird.

Don't miss out!

Visit the website below and you can sign up to receive emails whenever Biblische Predigten publishes a new book. There's no charge and no obligation.

https://books2read.com/r/B-A-SAWHB-APQCD

BOOKS2READ

Connecting independent readers to independent writers.

Did you love *Analyse der Arbeiterbildung in den Briefen an die Kolosser, Philemon und Thessaloniche*? Then you should read *Analyse der Arbeiterbildung in den Pastoralbriefen Titus und Timotheus*[1] by Biblische Predigten!

[2]

Ein einzigartiges Buch zur beruflichen Bildung, das Ihnen praktische Weisheit und wirksame Anleitung für Ihren beruflichen Erfolg bietet!

Sind Sie auf der Suche nach einer Quelle, die Ihnen wichtige Ratschläge gibt und solide Prinzipien auf Ihr Arbeitsleben anwendet?

Auf der Grundlage der Pastoralbriefe des Apostels Paulus an Timotheus und Titus bietet dieses Buch eine frische und relevante Perspektive, wie Sie sich in Ihrer Arbeit verbessern und die Anleitung

---

1. https://books2read.com/u/4DjDRk

2. https://books2read.com/u/4DjDRk

erhalten können, die Sie brauchen, um auf Ihrem Karriereweg erfolgreich zu sein.

Durch praktische und aufschlussreiche Lehren lernen Sie, wie Sie Schlüsseleigenschaften wie Integrität, Weisheit, Fleiß und effektive Führung kultivieren können. Entdecken Sie, wie Sie biblische Prinzipien in Ihrem täglichen Arbeitsleben anwenden und Ihren positiven Einfluss in Ihrem Umfeld vergrößern können.

"Teaching Work in the Pastoral Letters" wird Ihnen helfen, fundierte Entscheidungen am Arbeitsplatz zu treffen, gesunde Beziehungen zu Ihren Kollegen und Vorgesetzten aufzubauen, Herausforderungen mit Zuversicht zu begegnen und Ihre beruflichen Ziele auf ethische Weise zu erreichen.

Ganz gleich, ob Sie sich in Ihrer derzeitigen Position weiterentwickeln oder neue berufliche Möglichkeiten ausloten möchten, dieses Buch bietet Ihnen die praktische Anleitung, die Sie brauchen, um den nächsten Schritt mit Zuversicht zu tun. Mit jeder Seite werden Sie sich gestärkt und motiviert fühlen, Ihr volles Potenzial in der Arbeitswelt auszuschöpfen.

Verschwenden Sie keine Zeit mehr mit der Suche nach oberflächlichen Lösungen oder Modeerscheinungen. *Dieses Buch bietet Ihnen eine solide, dauerhafte Grundlage, um Ihre Arbeit zu verbessern und eine echte Richtung für Ihre Karriere zu finden.*

Also by Biblische Predigten

Die Lehre von der Arbeit in der Bibel
Analyse der Arbeiterbildung in den Briefen an die Kolosser, Philemon und Thessaloniche
Analyse der Arbeiterbildung in den Pastoralbriefen Titus und Timotheus
Analyse der Arbeiterbildung in den Allgemeinen Briefen und der Apokalypse

About the Author

Diese Bibelstudienreihe eignet sich für Christen aller Stufen, von Kindern über Jugendliche bis hin zu Erwachsenen. Sie *bietet einen ansprechenden und interaktiven Weg, die Bibel zu lernen,* mit Aktivitäten und Diskussionsthemen, die Ihnen helfen werden, tiefer in die Heilige Schrift einzudringen und Ihren Glauben zu stärken. Ob Sie Anfänger oder erfahrener Christ sind, diese Reihe wird Ihnen helfen, Ihr Wissen über die Bibel zu erweitern und Ihre Beziehung zu Gott zu stärken. Geleitet von Brüdern mit vorbildlichen Zeugnissen und umfassender Kenntnis der Heiligen Schrift, *die sich im Namen des Herrn Jesus Christus* auf der ganzen Welt *versammeln.*

www.ingramcontent.com/pod-product-compliance
Lightning Source LLC
Chambersburg PA
CBHW050812160726

48004CB00002B/806